Branca Trigo Cabaleiro

VOMITEI DEUS
antología bilingüe

EOLAS horizontes

EOLAS horizontes
Dirección editorial: Héctor Escobar
Coordinador de la colección: Juan Álvarez Iglesias
Diseño y maquetación: Lorenzo Roal

www.eolasediciones.es

ISBN: 979-13-87753-52-8
DL: LE 433-2025

Impreso en España

VOMITEI DEUS

antología bilingüe

COÑECEMENTO DO MEDO
(2021)

CONOCIMIENTO DEL MIEDO
(2021)

Coñecemento do Medo explora la relación entre el terror y la pertenencia. Su publicación estuvo vinculada al nacimiento de Malafera, el sello editorial que codirijo junto a Alfredo Vázquez, y al trabajo pictórico de Ramón Trigo. La intertextualidad y la libertad de formato hicieron de este libro un híbrido extraño entre un poemario, un videoclub y unos apuntes del colegio.

DEFINICIÓN E PRIMEIRO JUMPSCARE

medo: mal menor para a autoconservación
automático, como as pegadas das monxas
que empregan en cada exame fariña e ouro vello
estirpe, tenra cando non hai pais

Nota:
O nome da materia é só unha cuestión xeracional.
Poderíase chamar: Ciencias do Arrepío, Introducción
ao Espanto, Panicoloxía ou Reforzo para Caganichos.
Quizais o máis apropiado sería un atemporal
"Terror" que camuflase futuras reformas do
currículo. Porén, a autora destes apuntes é unha
covarde do seu tempo.

Temo os partos que provoco ao decidir a cor do boli.
Oxalá todas as familias fosen tenras.

Refúxianse as infancias
Refúxianse as infancias
Refúxianse as infancias nunha tortilla cruel
na que se expanden
ou non
pitiños desangrados.

DEFINICIÓN Y PRIMER JUMPSCARE

miedo: mal menor para la autoconservación
automático, como las huellas de las monjas
que utilizan en cada examen harina y oro viejo
estirpe, tierna cuando no hay padres

Nota:
El nombre de la asignatura es solo una cuestión
generacional. Se podría llamar: Ciencias del Escalofrío,
Introducción al Espanto, Panicología o Refuerzo para
Caguetas. Quizás lo más apropiado sería un atemporal
"Terror" que camuflara futuras reformas del
currículum. Sin embargo, la autora de estos apuntes es
una cobarde de su tiempo.

Temo los partos que provoco al decidir el color del boli.
Ojalá todas las familias fueran tiernas.

Se refugian las infancias
Se refugian las infancias
Se refugian las infancias en una tortilla cruel
donde se expanden
o no
pollitos desangrados.

A familia é morrer cando toca
A existencia obrigatoria que conduce a un
Agradecemento obrigatorio e nostalxias
A herdanza de
Atrocidades.
A extinción dos pais.
H

lA familia es morir cuando toca
lA existencia obligatoria que conduce a un
Agradecimiento obligatorio y nostalgias
lA herencia de
Atrocidades.
lA extinción de los padres.
H

OS ORGANISMOS PLURICELULARES.
FORMACIÓN ISRAELÍ

GREMLINS. Joe Dante, 1984

Acabarei por desfacer cidades
cadea xenética de por medio?

Unha botella arábiga rompe igual de costado
que a pena de fronte.
Peno (namorar cedo de nadadores mortos)
e agreo militares
educando nos métodos de pesca máis agresivos.
Augo os guisos de pobreza
para afogar civís de pestañas longas.
             Mato os ollos inxenuos. Rapo a peluxe.

Quero saber en que rompente
a miña vítima primeira soubo do colectivismo
e se algún colexio escabroso
falaba da inocencia dos chefs de medianoite.

LOS ORGANISMOS PLURICELULARES.
FORMACIÓN ISRAELÍ

GREMLINS. Joe Dante, 1984

Acabaré por deshacer ciudades
cadena genética de por medio?

Una botella arábiga rompe igual de costado
que la pena de frente.
Peno (enamorarme temprano de nadadores muertos)
y agrio militares
educando en los métodos de pesca más agresivos.
Aguo los guisos de pobreza
para ahogar civiles de pestañas largas.
            Mato los ojos ingenuos. Afeito la pelusa.

Quiero saber en qué rompiente
mi víctima primera supo del colectivismo
y si algún colegio escabroso
hablaba de la inocencia de los chefs de medianoche.

ACTIVIDADE 2. FABRICA
ESTE BÁLSAMO DE PERTENZA

Ingredientes:
comprobante da amniocentese,
auga bendita, carne brillante,
unha ou varias ameazas de apostasía.

Instrucións:
Cultivar o estrondo coas raíces para arriba.
Ocultar as ronchas baixo luvas de musgo suave provocando unha fotosíntese brutal.
Enganar ao sol coma o mártir aos cravos.
Cortar follas de aloe coa man espida de Fierabrás.
Prensar a soidade entre as páxinas dun libro de botánica do franquismo.
Recordar que o proceso non o é todo, aquí a contradición, e o peso das leibas muscula de socate.
Licuar decontado. Non meter os dedos.
Saber que a liberdade sería demasiado.
Se todo se fai correctamente, o menciñeiro non debería diluírse e medraría san atado ao nome feo que lle deron.

ACTIVIDAD 2. FABRICA
ESTE BÁLSAMO DE PERTENENCIA

Ingredientes:
comprobante de la amniocentesis,
agua bendita, carne brillante,
una o varias amenazas de apostasía.

Instrucciones:
Cultivar el estruendo con las raíces para arriba.
Ocultar las ronchas bajo guantes de musgo suave provocando una fotosíntesis brutal.
Engañar al sol como el mártir a los clavos.
Cortar hojas de aloe con la mano desnuda de Fierabrás.
Prensar la soledad entre las páginas de un libro de botánica del franquismo.
Recordar que el proceso no lo es todo, aquí la contradicción, y el peso de los terrones muscula de repente.
Licuar rápidamente. No meter los dedos.
Saber que la libertad sería demasiado.
Si todo se hace correctamente, el menciñeiro no debería diluirse y crecería sano atado al nombre feo que le dieron.

HERBAS, ARBUSTOS E ÁRBORES.
PARAXE

ANNIHILATION. Alex Garland, 2018

Serei unha eremita* da doenza**
non polas caries en cernes
non pola indixestión
ou a perfidia empalagosa do cacao.
Só por parar*** a culpa da boa**** saúde.

* Eremita significa afiar as unllas dun anxo por obriga.
** Doenza é nome propio cando coincide coas vacacións e partícula voadora non identificada cando podería valer de excusa a un repartidor de Glovo.
*** Parar/pausar/deter/fender o tempo coa épica do instante/cortarse a un mesmo reflexivamente cara a dentro/considerar voráxine calquera cousa que teña relación coas outras cousas/converterse só un chisco e para sempre ao negacionismo dos ligamentos hexemónicos occidentais colonialistas brancos cisheteronormativos heteropatriarcais xudeocristiáns.
**** Boa: non eu, non agora.
Boa: 2. a constríctor.

HIERBAS, ARBUSTOS Y ÁRBOLES. PARAJE

ANNIHILATION. Alex Garland, 2018

Seré una eremita* de la dolencia**
no por las caries en ciernes
no por la indigestión
o la perfidia empalagosa del cacao.
Solo por parar*** la culpa de la buena**** salud.

* Eremita significa afilar las uñas de un ángel por obligación.

** Dolencia es nombre propio cuando coincide con las vacaciones y partícula voladora no identificada cuando podría valer de excusa a un repartidor de Glovo.

*** Parar/pausar/detener/hendir el tiempo con la épica del instante/cortarse a uno mismo reflexivamente hacia dentro/considerar vorágine cualquier cosa que tenga que ver con las otras cosas/convertirse solo una pizca y para siempre al negacionismo de los ligamentos hegemónicos occidentales colonialistas blancos cisheteronormativos heteropatriarcales judeocristianos.

**** Buena: no yo, no ahora.
Buena: 2. aquello que te asfixia.

GANDARÍA E APROVEITAMENTO.
ANIMAL RIGHTS ACTIVIST

GET OUT. Jordan Peele, 2017

En realidade, as razas non existen.
Pieles rojas abrazan o ouro dos seus ósos
para agochalo dos conquistadores
e os conquistadores choran porque a mazá
non sabe a carne de vitela
e a vitela estoupa cando sabe
que malia o rancor que sente o seu pelame
sempre será pinto
ou marelo, porque as razas non existen máis alá da certeza
de que nada é vermello por dentro e por fóra.
Amo coma o espírito dun coello viviseccionado
porque por moi asasino
alguén que persegue a verdade do lóstrego
non pode ser mala persoa.

GANADERÍA Y APROVECHAMIENTO.
ANIMAL RIGHTS ACTIVIST

GET OUT. Jordan Peele, 2017

En realidad, las razas no existen.
Pieles rojas abrazan el oro de sus huesos
para esconderlo de los conquistadores
y los conquistadores lloran porque la manzana
no sabe a carne de ternera
y la ternera estalla cuando sabe
que pese al rencor que siente su pelaje
siempre será pinto
o marelo, porque las razas no existen mas allá de la certeza
de que nada es rojo por fuera y por dentro.
Amo como el espíritu de un conejo viviseccionado
porque por muy asesino
alguien que persigue la verdad del relámpago
no puede ser mala persona.

ACTIVIDADE 4. CLASIFICA OS TEUS MEDOS CONFORME Á SEGUINTE TIPOLOXÍA

I. Medo á creación.
Aos deuses, aos pais, aos artistas, ao big bang, ás sementes e ás cadelas grávidas.

II. Medo ao dano pasivo.
Ao amor, ao desamor, ás feridas, á tortura, aos parasitos, ao dentista e ás moas picadas.

III. Medo ao dano activo.
Ao fracaso, ao éxito, ao ridículo, ao pecado, a soñar coa escola, ao consentimento implícito e á ira.

IV. Medo á destrución.
Á morte, aos militares, aos plans, ao tempo e á combustión espontánea.

Ἄφοβον ὁ θεός,
ἀνύποπτον ὁ ανατος,
καὶ τἀγαθὸν μὲν εὔκτητον,
τὸ δὲ δεινὸν εὐκαρτέρητον

Non é necesario entendelo. Malia que a referencia é obrigada, Epicuro só soltaba trapalladas.

ACTIVIDAD 4. CLASIFICA TUS MIEDOS CONFORME A LA SIGUIENTE TIPOLOGÍA

I. Miedo a la creación.
A los dioses, a los padres, a los artistas, al big bang, a las semillas y a las perras encinta.

II. Miedo al daño pasivo.
Al amor, al desamor, a las heridas, a la tortura, a los parásitos, al dentista y a las muelas picadas.

III. Miedo al daño activo.
Al fracaso, al éxito, al ridículo, al pecado, a soñar con el colegio, al consentimiento implícito y a la ira.

IV. Miedo a la destrucción.
A la muerte, a los militares, a los planes, al tiempo y a la combustión espontánea.

Ἄφοβον ὁ θεός,
ἀνύποπτον ὁ ανατος,
καὶ τἀγαθὸν μὲν εὔκτητον,
τὸ δὲ δεινὸν εὐκαρτέρητον

No es necesario entenderlo. Aunque la referencia es obligada, Epicuro solo soltaba estupideces.

CONDOLORE
(2022)

CONDOLORE
(2022)

Afronté *Condolore* como una investigación sobre la soledad y cómo esta desemboca en diferentes violencias sobre los cuerpos de las mujeres, concretadas en la comunidad Incel y los blogs de Ana y Mia. De esa segunda parte sobre los trastornos de la conducta alimentaria (TCA) proceden los textos que he escogido para la antología. En ellos, quise vincular el hambre a gran escala con el hambre cotidiana: las hambrunas con los TCA, la cuestión de clase con la gordofobia, la represión con la dieta. El poema "Famelia" no estaba en la obra original, sino que es un collage de varios fragmentos que compuse posteriormente para el recitado.

ESTUDO DE CASO N. 1

As máis grandes fames do antigo Exipto
acompañaron ao faraón Necherjet,
cuxo nome significa "corpo divino".

Foi el quen mandou construír
(e non quen construíu)
a pirámide escalonada de Saqqara,
o primeiro complexo monumental da Historia,
porque a beleza e o xaxún corren da man.

Na súa defensa,
daquela os soños aínda non se inventaran
e nada sabía de vacas coméndose entre elas.

Tecidos a partir da pedra da placenta
e monumentos a partir da carne escrava,
sempre contruímos antes de soñar.

ESTUDIO DE CASO N. 1

Las mayores hambrunas del antiguo Egipto
acompañaron al faraón Necherjet,
cuyo nombre significa "cuerpo divino".

Fue él quien mandó construir
(y no quien construyó)
la pirámide escalonada de Saqqara,
el primer complejo monumental de la Historia,
porque la belleza y el ayuno corren de la mano.

En su defensa,
de aquella los sueños aún no se habían inventado
y nada sabía de vacas comiéndose entre ellas.

Tejidos a partir de la piedra de la placenta
y monumentos a partir de la carne esclava,
siempre construimos antes de soñar.

ESTUDO DE CASO N. 2

As grandes fames do período Edo
non foron causadas por guerras
ou desastres naturais
senón polo preciosismo do cultivo do arroz.

Porque cada alimento
tiña que ser branco e pequeniño
coma unha noiva.

ESTUDIO DE CASO N. 2

Las hambrunas del período Edo
no fueron causadas por guerras
o desastres naturales
sino por el preciosismo del cultivo de arroz.

Porque cada alimento
tenía que ser blanco y diminuto
como una novia.

ESTUDO DE CASO N. 3

Todas as proposicións son moi modestas
cando se pasa fame
e moi pouco efectivas desde o colonizado.

De sermos democráticos
comeriamos máis nenos que patacas
e coidariamos a liña
da fronteira.

ESTUDIO DE CASO N. 3

Todas las proposiciones son muy modestas
cuando se pasa hambre
y muy poco efectivas desde el colonizado.

Si fuéramos democráticos
comeríamos más niños que patatas
y cuidaríamos la línea
de la frontera.

ESTUDO DE CASO N. 4

Miña bisavoa morreu de fame na década dos corenta
antes de nos parir.
O xaxún revélaseme así
resultado e orixe
da miña inexistencia como autora.

ESTUDIO DE CASO N. 4

Mi bisabuela murió de hambre en la década de los cuarenta
antes de parirnos.
El ayuno se me revela así
resultado y origen
de mi inexistencia como autora.

ESTUDO DE CASO N. 5

O suicidio de Kevin Carter,
coma o xaxún,
é causa e destino da inexistencia da autora.

Quen non existe, non come, é dicir, xaxúa
quen xaxúa, morre de inanición, é dicir, suicídase
librándose de morrer famoso
coma a obra literaria
famenta ante a mirada
dunha ave que existe e que devora.

ESTUDIO DE CASO N. 5

El suicidio de Kevin Carter,
como el ayuno,
es causa y destino de la inexistencia de la autora.

Quien no existe, no come, es decir, ayuna
quien ayuna, muere de inanición, es decir, se suicida
librándose de morir famoso
como la obra literaria
hambrienta ante la mirada
de un ave que existe y que devora.

FAMELIA

A fame é o motor do mundo.
E non falo da fame nun sentido amplo,
como sinónimo de desexo, senón
da fame estomacal
da fame negra
da fame de kebab cando hai resaca.

Máis que as guerras e as crises económicas
as grandes fames marcan a estrutura dos pobos
así como as fames diminutas
marcan a estrutura das clavículas.

Porque a fame é o motor do mundo, un mundo
no que as nenas queren ter a solitaria
para comer sen engordar un gramo
e tragan terra, solitarias, ata obter o parasito.

Un mundo en que a comezos do milenio
Ana e Mia parasitaban os estómagos
dicindo que e como facer para matarte, solitaria.

Antes que nada hai que tomar alento.
Morrer de fame é unha carreira de fondo

FAMELIA

El hambre es el motor del mundo.
Y no hablo de hambre en un sentido amplio,
como sinónimo de deseo, sino
de hambre estomacal
de fame negra
de hambre de kebab cuando hay resaca.

Más que las guerras y las crisis económicas
las grandes hambrunas marcan la estructura de los pueblos
así como las hambres diminutas
marcan la estructura de las clavículas.

Porque el hambre es el motor del mundo, un mundo
en que las niñas quieren tener la solitaria
para comer sin engordar un gramo
y tragan tierra, solitarias, hasta obtener el comensal.

Un mundo en que a principios del milenio
Ana y Mia parasitaban los estómagos
diciendo qué y cómo hacer para matarte, solitaria.

Antes que nada, hay que tomar aliento.
Morir de hambre es una carrera de fondo

e unha persoa que posúa todo o que implica ser persoa,
é dicir, nada,
pode aguantar dous meses sen comer.

Despois de devorarte e dixerirte,
cando a minoración acada o punto crítico,
o corpiño máis leve pesa un mundo.
Un mundo que cataboliza a esperanza
ata deter o corazón.

As pobres levamos séculos en xaxún
e facemos Historia.
Os nosos catro estómagos protestan
sen convocatoria sen avisar ao Estado sen presenza policial
contra esa Historia que asasina o exceso
como se a fin da fame pasase pola fin das bocas.

Que problema ten que as cousas medren sen medida?

Non quero que me digan non tes fame
que a fame é para os gordos.
A fame é comunal
e aquí sabemos que o inmenso está mal visto
e que a lingua que relambe sobrevive
na diglosia de dar noxo.
Pero polo menos sobrevive.

y una persona que posea todo lo que implica ser persona,
es decir, nada
puede aguantar dos meses sin comer.

Después de devorarte y digerirte,
cuando la minoración alcanza el punto crítico,
el cuerpito más leve pesa un mundo.
Un mundo que cataboliza la esperanza
hasta detener el corazón.

Las pobres llevamos siglos en ayuno
y hacemos Historia.
Nuestros cuatro estómagos protestan
sin convocatoria sin avisar al Estado sin presencia policial
contra esa Historia que asesina el exceso
como si el fin del hambre pasara por el fin de las bocas.

Qué problema hay con que las cosas crezcan sin medida?

No quiero que me digan no tienes hambre
que el hambre es para los gordos.
El hambre es comunal
y aquí sabemos que lo inmenso está mal visto
y que la lengua que relame sobrevive
en la diglosia de dar asco.
Pero por lo menos sobrevive.

Axeónllome aquí e aquí vomito
o autoodio a dor a culpa dunha estirpe suicida.
Trouso coma un poema
a soidade que a Historia me enredou nos intestinos.
Vomito o meu xaxún.
Vomito Deus. E sobrevivo.

A outra opción non cambiaría as cousas
pois todo existía antes de min.
Todo isto.
Todo o que acontece nun baño pechado
xistía antes da miña Historia.

Me arrodillo aquí y aquí vomito
el autoodio el dolor la culpa de una estirpe suicida.
Rindo como un poema
la soledad que la Historia me enredó en los intestinos.
Vomito mi ayuno.
Vomito Dios. Y sobrevivo.

La otra opción no cambiaría las cosas
pues todo existía antes de mi.
Todo esto.
Todo lo que ocurre en un baño cerrado
existía antes de mi Historia.

TRANS0
(2024)

TRANS0
(2024)

trans0 fue mi trabajo de fin de carrera. En él, propuse la poesía como un transgénero literario. La voluntad de que existiera una coherencia entre el contenido y la forma del libro me llevó a mezclar los versos con elementos narrativos, periodísticos y académicos en una historia apocalíptica con reminiscencias de *Evangelion* ideada a partir, fundamentalmente, de los escritos de Haraway y Braidotti. Saqué un diez. Luego me tocó trabajar un año en un call center para ser un poquito más cyborg.

agóchome anfibia dunha dirección propia
a berro de non respirar nunca
decidida
esta será a ferida nas agallas
asomarme á humanidade con coidado
patóxeno bandeira
e que o sistema inmunolóxico
por ter un corazón
me recoñeza como outra
e me mate

me escondo anfibia de una dirección propia
a queja de no respirar nunca
decidida
esta será la herida en las agallas
asomarme a la humanidad con cuidado
patógeno bandera
y que el sistema inmunológico
por tener un corazón
me reconozca como otra
y me mate

neste punto de luz
entre as costelas dun cadáver
fillo de pedra en chamas
nace o homicidio

a extracción de carne das salinas
consérvase desde a cesárea
un sistema que me murcha desde o centro

este burato músculo
e a pel
un combustible fósil
sen fe nos matadoiros

neste burato
aquí nacen os porcos
da demencia nacen
porcos da demencia
nacen aquí
no desexo[1]

---

[1] Anhelo era un éxodo incluso cando a Europa
non nos saíran ratas das orellas.

en este punto de luz
entre las costillas de un cadáver
hijo de piedra en llamas
nace el homicidio

la extracción de carne de las salinas
se conserva desde la cesárea
un sistema que me mustia desde el centro

este agujero músculo
y la piel
un combustible fósil
sin fe en los mataderos

en este agujero
aquí nacen los puercos
de la demencia nacen
puercos de la demencia
nacen aquí
en el deseo[1]

---

[1] Anhelo era un éxodo incluso cuando a Europa no nos habían salido ratas de las orejas.

nunca terei un fillo pedra
en xacemento
que ame renovable

nunca tendré un hijo piedra
en yacimiento
que ame renovable

perversión é unha casa
córnea unha casa
cor unha casa
casa
alén
comida mastigada
nas paredes de pardal do corazón
ardendo

que raro ser ruptura
doutro corpo o bolo alimenticio
todo cae
nunha ferida sempre aberta
directo desde a gloria
doutro corpo os ventrículos de ferro
vermello se cravados no teu ollo

por cegar a tecla absórbete viscosa
nunha negativa quirúrxica
á era dixital amputación
da zurda
que aforcou un sol por atopar
a diferenza dos dedos extraviados

perversión es una casa
córnea una casa
color una casa
casa
allá
comida masticada
en las paredes de pardal del corazón
ardiendo

qué raro ser ruptura
de otro cuerpo el bolo alimenticio
todo cae
en una herida siempre abierta
directo desde la gloria
de otro cuerpo ventrículos de hierro
rojo si clavado en tu mirada

por cegar la tecla te absorbe viscosa
en una negativa quirúrgica
a la era digital amputación
de la zurda
que ahorcó un sol por encontrar
la diferencia de los dedos extraviados

houbo un corazón neste lugar cando os entullos
tiñan plumas

a ferida enxendra
demasiadas coitelas sobre o brillo
demasiada infección sobre unha estrela
demasiada responsabilidade sobre o último verso

hubo un corazón en este lugar cuando los escombros
tenían plumas

la herida engendra
demasiadas cuchillas sobre el brillo
demasiada infección sobre una estrella
demasiada responsabilidad sobre el último verso

firmamos a escaseza
burato sen paredes
nostalxia dun valor que non existe

non é o mesmo unha perna que non-dúas
non é o mesmo unha moeda que non-o soldo mínimo
árbore que o misterio da foresta

o exceso é renunciar á soidade humana
concedendo
pernas cibernéticas
capital en dereitos
a abstracción do bosque

un poema nas paredes da ferida

firmamos la escasez
agujero sin paredes
nostalgia de un valor que no existe

no es lo mismo una pierna que no-dos
no es lo mismo una moneda que no-el sueldo mínimo
árbol que el misterio de la foresta

el exceso es renunciar a la soledad humana
concediendo
piernas cibernéticas
capital en derechos
la abstracción del bosque

un poema en las paredes de la herida

observa a migración dos anxos destripados
e con ela o noxo que produce
a abertura
de todo o que ten ás
no método de aldraxe un tracto puro
fidelizada a crenza
come os pétalos da ira como aves
cando empregamos vísceras pendendo
a dualidade do sentido
abala esta diáspora
sobre o cantil do propio corazón

observa la migración de los ángeles destripados
y con ella el asco que produce
la abertura
de todo lo que tiene alas
en el método de la afrenta un tracto puro
fidelizada la creencia
come los pétalos de la ira como aves
cuando empleamos vísceras pendiendo
la dualidad del sentido
balancea esta diáspora
sobre el acantilado del propio corazón

o presente traballo constitúe un efecto
sobre a úlcera
un membro que me crece[2]
referencia a cor da orquídea
cunha perversidade imprevisible
tan xiboso
e tanxible
e funcional

esta deformación do adxacente
en tanto que poesía desposúe
de xénero
a letra perforada

---

[2] "El miembro crecido de nuevo puede ser
monstruoso, duplicado, poderoso. Todas
nosotras hemos sido profundamente
heridas. Necesitamos regeneración, no
resurrección, y las posibilidades que
tenemos para nuestra reconstitución
incluyen el sueño utópico de un mundo
monstruoso sin géneros." (Haraway, 1991)

el presente trabajo constituye un efecto
sobre la úlcera
un miembro que me crece[2]
referencia el color de la orquídea
con una perversidad imprevisible
tan giboso
y tangible
y funcional

esta deformación de lo adyacente
en tanto que poesía desposee
de género
la letra perforada

---

[2] "El miembro crecido de nuevo puede ser
monstruoso, duplicado, poderoso. Todas
nosotras hemos sido profundamente
heridas. Necesitamos regeneración, no
resurrección, y las posibilidades que
tenemos para nuestra reconstitución
incluyen el sueño utópico de un mundo
monstruoso sin géneros." (Haraway, 1991)

Mundo Carne
(2025)

Mundo Carne
(2025)

El lenguaje poético constituye mi manera de conocer el mundo, y siempre ha sido así, aunque no siempre he sido consciente. En *Mundo Carne*, ese mundo casi conocido se hace cuerpo y yo me hago lenguaje.

THE BACKROOMS - LEVEL 12,5

cada segundo pérdense en Carne 12,5 crianzas por segundo pérdense e encóntranse na prensa e nos muros e no leite 12,5 crianzas que sen entender a letra das cancións noutros idiomas cantan pérdense e encóntrase en moitos lugares 12,5 encóntranse menos no propio corpo en moitos 12,5 que aprenderon cancións que non entenden poderían cantar xuntas aprenderse e encontrarse en todos os idiomas estranxeiros crianzas son conscientes de que non hai un idioma que non sexa estranxeiro para alguén saben encóntranse e pércense as 12,5 en Carne lonxe estrañas aprenden linguas de Carne perden 12,5 que coñecen o verdadeiro antónimo da palabra perder 12,5 non gañar senon buscar coñecen pérdense e encóntranse as 12,5 saben perfectamente onde están.

THE BACKROOMS - LEVEL 12,5

cada segundo se pierden en Carne 12,5 criaturas por segundo se pierden y se encuentran en la prensa y en los muros y en la leche 12,5 criaturas que sin entender la letra de las canciones en otros idiomas cantan se pierden y se encuentran en muchos lugares 12,5 se encuentran menos en el propio cuerpo en muchos 12,5 que han aprendido canciones que no entienden podrían cantar juntas aprenderse y encontrarse en todos los idiomas extranjeros criaturas son conscientes de que no hay un idioma que no sea extranjero para alguien saben se encuentran se pierden las 12,5 en Carne lejos raras aprenden lenguas de carne pierden 12,5 que conocen el verdadero antónimo de la palabra perder 12,5 no ganar sino buscar conocen se pierden y se encuentran las 12,5 saben perfectamente dónde están.

TO SAY A LIE SO SHE WOULD KNOW ME

Texto sen asinar rescatado no ano 1719 da biblioteca do convento de Santo Domingo de Pontevedra

A noite de San Xoán do ano 1626 foi descuberta unha tecnoloxía innomeable. Porque si, a tecnoloxía, como calquera outra ferida, pode ser descuberta. Neste caso foi un grupo de mozas da Franqueira o que extraeu de entre os pregos da palabra milagre un incendio en forma de saber.

Aprenderon a ler a vida das persoas na sección transversa da segunda vértebra cervical. Se observasen a miña, por exemplo, saberían da afinación exacta de cada carricanta que me aniña nos oídos, da ausencia de calor na miña cara diminuta e dos abortos coma perlas entre a Carne aterecida dunha ostra. Saberían que o día que nacín diluviou auga, e que por iso nunca bebo auga. Mediante numerosos sacrificios, recordaron o primeiro ser humano que pisou as terras da Caniza cunha perna necrosada e un tourón por compañeiro. Coñeceron a cada fillle tole desbotade e desbocade nos desváns. Adiviñaron que, segundo Federici, a profecía sería reemplazada polo cálculo de probabilidades, que presenta un futuro cimentado na repetición, na

TO SAY A LIE SO SHE WOULD KNOW ME

Texto sin firmar rescatado en el año 1719 de la biblioteca del convento de Santo Domingo de Pontevedra

La noche de San Juan del año 1626 fue descubierta una tecnología innombrable. Porque sí, la tecnología, como cualquier otra herida, puede ser descubierta. En este caso, fue un grupo de jóvenes de A Franqueira el que extrajo de entre los pliegues de la palabra milagro un incendio en forma de saber.

Aprendieron a leer la vida de las personas en la sección transversal de la segunda vértebra cervical. Si observaran la mía, por ejemplo, sabrían de la afinación exacta de cada cigarra que me anida en los oídos, de la ausencia de calor en mi cara diminuta y de los abortos como perlas en la carne aterida de una ostra. Sabrían que el día que nací diluvió agua, y que por eso nunca bebo agua. Mediante numerosos sacrificios, recordaron al primer ser humano que pisó las tierras de A Caniza con una pierna necrosada y un hurón por compañero. Conocieron a cada hije loque deshechade y desbocade en las buhardillas. Adivinaron que, según Federici, la profecía sería reemplazada por el cálculo de probabilidades, que presenta un futuro cimentado en la repetición, en la regularidad, en la eterna permanencia del regularidade, na eterna permanencia do sistema, sen contemplar o ser mutante e insurrecto que é a vontade.

Só había un elemento que non eran capaces de acadar analizando o pescozo cercenado de alguén: o seu nome. Porque igual que hai ciencia na masacre dos augurios, hai un vudú ancestral na antroponimia.

Ante a incógnita, existen dous tipos de persoas:
1. Aquelas que ao descubrir algo que non coñecían o senten insignificante.
2. Aquelas que ao descubrir algo que non coñecían se senten insignificantes.

Non sei en cal cadraban as mulleres da Franqueira, se sufriron a perda da memoria coma un desmembramento ou cometeron o crime imperdoable de pensar que non importan as palabras. Non sei do lume aberto, no sei cervos fracturados ante as portas dunha casa e nin sequera sei se esta é unha historia verdadeira. Eu non leo nos ósos, sei o meu propio nome e pouco máis. E xa é bastante. Dicirse a unha mesma é un feitizo imprevisible. Chámate agoreira ou sabia ou bruxa e quedarás marcada coma as reses.

O día mesmo da súa execución, elas predixeron que no libro esotérico *A galiña negra* quedaría escrito que "a verba será a última en chegar". Tendo en conta que a palabra "grimorio" non é máis que unha deformación de "gramática", penso que sistema, sin contemplar el ser mutante e insurrecto que es la voluntad.

Solo había un elemento que no eran capaces de alcanzar analizando el cuello cercenado de alguien: su nombre. Porque igual que hay ciencia en la masacre de los augurios, hay un vudú ancestral en la antroponimia.

Ante la incógnita, existen dos tipos de personas:
1. Aquellas que al descubrir algo que no conocían se sienten insignificantes.
2. Aquellas que al descubrir algo que no conocían lo sienten insignificante.

No sé en cuál cuadraban las mujeres de A Franqueira, si sufrieron la pérdida de la memoria como un desmembramiento o cometieron el crimen imperdonable de pensar que no importan las palabras. No sé el fuego abierto, no sé ciervos fracturados ante las puertas de una casa y ni siquiera sé si esta es una historia verdadera. Yo no leo en los huesos. Sé mi propio nombre y poco más. Y ya es bastante. Decirse a una misma es un hechizo imprevisible. Llámate agoreira o sabia o bruja y quedarás marcada como las reses.

El mismo día de su ejecución, ellas predijeron que en el libro esotérico *La gallina negra* quedaría escrito que "la palabra será la última en llegar". Teniendo en cuenta que la

podemos confiar nas notas des ocultistas sobre lingua e
adoptar como xénese que
a verba será a última en chegar

vén gardada no peto dun meniño
que camiña despacio entre a lava

non vos equivoquedes
nomear a deus está completamente permitido
pero a ver quen é capaz de prescindir da escuridade
do ollo dos onagros para así pronunciar
unha letra caída sobre o Mundo

a ver quen é capaz de expirar máis dunha vez
abrindo portas no pulmón da soidade
para deixar a ofrenda
un fío de dióxido

a ver como afrontamos esta morte que é dicir as cousas

nomear a deus está completamente permitido
pero é arduo
como dicir familia sen violencia
ou gorxa sen canción
ou mastigar sen dentes

como dicir amor
sen someter coa languideza da cursiva

palabra "grimorio" no es más que una deformación de
"gramática", pienso que podemos confiar en las notas de les
ocultistas sobre lengua y adoptar como génesis que
la palabra será la última en llegar

viene guardada en el bolsillo de un niño
que camina despacio entre la lava

no os equivoquéis
nombrar a dios está completamente permitido
pero a ver quién es capaz de prescindir de la oscuridad
del ojo de los onagros para así pronunciar
una letra caída sobre el Mundo

a ver quién es capaz de expirar más de una vez
abriendo puertas en el pulmón de la soledad
para dejar la ofrenda
un hilo de dióxido

a ver cómo afrontamos esta muerte que es decir las cosas

nombrar a dios está completamente permitido
pero es arduo
como decir familia sin violencia
o garganta sin canción
o masticar sin dientes

como decir amor

os apelidos recónditos en chamas
á chama inquisitoria do fogar

é coma un can a xente nova
os meses fanse anos para ela
a capela faise can para este ano rabioso de sabernos
delicadamente mortas

porque unha morte dura o que a desposesión
a morte dura desde o primeiro dente que perdemos
ata que unha meniña se pregunta
como se chamaba a nai da nai da nai da nai da súa nai
e non existe unha resposta

porque a verba será a última en chegar
e chegará entre corvos
dirá deus
e centos de mulleres fracas con muletas
escaparán correndo como arañas
e as arañas perderán as patas todas
para se confundir cc froito da orfandade
e os hospicios encheranse de apelidos inventados
na mitose catastrófica
do pánico e o acento

sin someter con la languidez de la cursiva
los apellidos recónditos en llamas
a la llama inquisitoria del hogar

es como un perro la gente joven
los meses se hacen años para ella
la capilla se hace perro para este año rabioso de sabernos
delicadamente muertas

porque una muerte dura lo que la desposesión
la muerte dura desde el primer diente que perdemos
hasta que una niña se pregunta
cómo se llamaba la madre de la madre de la madre de la
madre de su madre
y no existe una respuesta

porque la palabra será la última en llegar
y llegará entre cuervos
dirá dios
y cientos de mujeres flacas con muletas
escaparán corriendo como arañas
y las arañas perderán todas las patas
para confundirse con el fruto de la orfandad
y los hospicios se llenarán de apellidos inventados
en la mitosis catastrófica
del pánico y el acento

a verba chega
rapiñando idiomas brancos
do corpo esnaquizado dun exército

a verba é unha bruxa
é os nomes das persoas asasinadas a noite de San Xoán do
ano 1626 e os nomes das posibles culpables aforcadas e o
nome do verdugo e o nome do cabalo de estómago
infestado e mans pequenas que montaba o verdugo ata
deixalo abandonado

a verba é unha bruxa no abandono
un animal domesticado que percorre as intemperies desta
páxina perdida entre as ruínas
un comicio de sal no esquecemento

a verba é unha bruxa
abandonada no peto dun meniño xunto ao deus que
prefiramos
xunto a un xogo un talismán e unha presiña de peiote
xunto aos nomes das nais das nais das nais das nosas nais.

la palabra llega
rapiñando idiomas blancos
del cuerpo despedazado de un ejército

la palabra es una bruja
es los nombres de las personas asesinadas la noche de San
Juán del año 1626 y los nombres de las posibles culpables
ahorcadas y el nombre del verdugo y el nombre del caballo
de estómago infestado y manos pequeñas que montaba el
verdugo hasta dejarlo abandonado

la palabra es una bruja en el abandono
un animal domesticado que recorre las intemperies de esta
página perdida entre las ruínas
un prurito de sal en el olvido

la palabra es una bruja
abandonada en el bolsillo de un niño junto al dios que
prefiramos
junto a un juego un talismán y un puñadito de peyote
junto a los nombres de las madres de las madres de las
madres de las madres de nuestras madres.

MANUAL DE TAXIDERMIA / *TOTEMO SHINI CHIKAI UTSUKUSHI SA*

Woman's Work

Para un bo trabalo, é indispensable coñecer o corpo. As súas calellas. A maneira en que as válvulas se adaptan aos cambios de presión. O percorrido das toxinas suspendidas nos fluídos, a súa freada en seco. É indispensable coñecerse no son súpeto das articulacións, na rixidez do abdome e no brillo do lagrimal deitado sobre a neve. Saber que isto é todo por moito que se faga. Loitar contra o peor polo mínimo aceptable. Renderse e traballar.

O corpo está canso de ser corpo. Tende á larva. Débese competir coa descomposición frenética das células. Os vínculos reláxanse. A desinfección é un crime contra o tempo.

Non se pode esquecer a diferenza entre baleirar algo e que te trague. O límite das cavidades faino o propio respirar.

Para o corpo fictizio, estopa e febra. Para o real, cotón, aplicado entre a úvula e os ollos evitando unha última palabra. Para o recoñecemento, conceder cunha

MANUAL DE TAXIDERMIA / *TOTEMO SHINI CHIKAI UTSUKUSHI SA*

Woman's Work

Para un buen trabajo, es indispensable conocer el cuerpo. Sus callejones. La manera en que las válvulas se adaptan a los cambios de presión. El recorrido de las toxinas suspendidas en los fluidos, su frenada en seco. Es indispensable conocerse en el sonido repentino de las articulaciones, en la rigidez del abdomen y en el brillo del lagrimal tumbado sobre la nieve. Saber que esto es todo por mucho que se haga. Luchar contra lo peor por el mínimo aceptable. Rendirse y trabajar.

El cuerpo está cansado de ser cuerpo. Tiende a la larva. Se debe competir con la descomposición frenética de las células. Los vínculos se relajan. La desinfección es un crimen contra el tiempo.

No se puede olvidar la diferencia entre vaciar algo y que te trague. El límite de las cavidades lo hace el propio respirar.

Para el cuerpo ficticio, estopa y hebra. Para el real, cotón, aplicado entre la úvula y los ojos evitando una última palabra. Para el reconocimiento, conceder con una sentencia de fraxilidade algún valor like putting lipstick on a Pig.

Non aplicar xamais sobre un ser vivo. Para un bo traballo, é indispensable a morte.

sentencia de fragilidad algún valor like putting lipstick on a Pig.

No aplicar jamás sobre un ser vivo. Para un buen trabajo, es indispensable la muerte.

O ENTRETEMENTO DA ALMA / *BURN AFTER YOU READ*

Anotacións perdidas da Tabula Rogeriana *atribuídas ao seu autor orixinal, Muhammad al-Idrisí (2)*

Podes trazar un mapa sen migrar?

A distancia verdadeira é imposible de medir sen deixar algo importante no outro lado. Algo coma unha terra cultivada por milenios, unha casa traballada a dentes rotos ou todos os teus mortos e algún conto que dicían sobre eles. O peso ao final da Corda determina a súa tensión.

Podes trazar un mapa sen camiños?

Quererías, coma unha nota ao pé, un vieiro de pedrullo para non esvarar coa noite máis brillante. Agora o ceo ao teu redor se precipita. No mapa sempre é noite. Debuxas as estrelas e as pantasmas e as luces son azuis e levas un candil no que extraviarte. Quererías a peregrinación como topónimo e así deixar constancia do teu paso. Quererías cubrir coa Carne o Mundo, tender o corpo á vez todos os lugares onde perdiches algo. Estás na terra coma a capa de la sobre as túas costas. Igual de áspera e quente. Igual de triste.

EL ENTRETENIMIENTO DEL ALMA /
BURN AFTER YOU READ

Anotaciones perdidas de la Tabula Rogeriana *atribuidas a su autor original, Muhammad al-Idrisí (2)*

¿Puedes trazar un mapa sin migrar?

La distancia verdadera es imposible de medir sin dejar algo importante en la otra orilla. Algo como una tierra cultivada por milenios, una casa trabajada a dientes rotos o todos tus muertos y algún cuento que decían sobre ellos. El peso al final de la Cuerda determina su tensión.

¿Puedes trazar un mapa sin caminos?

Querrías, como una nota al pie, un sendero de gravilla para no resbalar con la noche más brillante. Ahora el cielo a tu alrededor se precipita. En el mapa siempre es noche. Dibujas las estrellas y los fantasmas y las luces son azules y llevas un candil en que extraviarte. Querrías la peregrinación como topónimo y así dejar constancia de tu paso. Querrías cubrir con la Carne el Mundo, tender el cuerpo a la vez en todos los lugares donde has perdido algo. Estás en la tierra como la capa de lana sobre tu espalda. Igual de áspera y caliente. Igual de triste.

Podes trazar un mapa de ida e volta?

Nalgún lugar crebado, as montañas descansan no teu colo como crianzas soas cantando un amencer interminable. Non confías no tempo. Sabes o propio abismo no das pombas.

Onde está o azul cando o precisas?

Trazar un mapa ten moito que ver coa disección.

Puedes trazar un mapa de ida y vuelta?

En algún lugar quebrado, las montañas descansan en tu regazo como criaturas solas cantando un amanecer interminable. No confías en el tiempo. Sabes tu propio abismo en el de las palomas.

Dónde está el azul cuando lo necesitas?

Trazar un mapa tiene mucho que ver con la disección.

EPÍLOGO PARA UNA SELECCIÓN
DE POEMAS

Chus Pato

Desde la cubierta, la ausencia de vínculo preposicional o de exclamación. Lo más alto reducido al objeto de un tiempo pretérito, sin definir. Desde el comienzo, el vómito. Desde el inicio lo herético o la herejía y la blasfemia, o tal vez el peso de tener a lo más alto en el vientre, esa carga que la antología expulsa.

Me detengo en el título del primer libro publicado por Branca Trigo. Leo el miedo y en él resuena el medio. El miedo es el lugar que habitamos y, sobre todo, las relaciones que en él se establecen, todo lo que supone la preposición entre: lo que nos relaciona, las instituciones y la familia, sin ir más lejos. «*A herdanza de / Atrocidades. / A extinción dos pais. / H*». Y se nos propone el conocimiento; conocer para saber lo que se habita, lo que ya estaba allí y nos enreja, nos enjaula, nos zurce y nos impide el paso libre del sentido, ese que traemos con nosotras al nacer. Elige el poema conocimiento y exorcismo.

Es entonces cuando «*a autora destes apuntes é* —se nos presenta como— *unha covarde do seu tempo*» y nos explica que el miedo y el conocimiento son una cuestión generacional, al igual que el nombre de la materia escolar.

Desde el primer sobresalto la escritura establece un pacto con lo crudo de la existencia. Pero el alimento no siempre viene exento de especias que nos ayudan a digerir como si estuviésemos visionando una comedia gótica juvenil. Y se nos plantean actividades, temas de estudio, clasificaciones. Todo aquello que la infancia aprende en un curso de la ya extinta EGB. «*Licuar decontado. Non meter os dedos / Saber que a liberdade sería demasiado*».

Con veinticinco años publica la poeta su segundo poemario y selecciona para esta antología una serie de Estudios, del 1 al 5. El motivo es el hambre. "Famelia" (el eco nos devuelve famélica) cierra la selección. Branca Trigo es una poeta estructuralista (esto debería explicarlo, pero me parece que en esta ocasión sería una pérdida de espacio).

Me gustaron muchísimo estos casos, especialmente el n. 5 en el que la obra literaria se muere literalmente de hambre o se suicida literalmente de hambre, como hizo el fotógrafo Kevin Carter. Relacionar la más famosa de sus fotografías con la obra literaria es un vuelo que solo una osada y poderosa inteligencia poética puede llevar a buen término sin morir en el intento.

Didier Eribon en su *Regreso a Reims* demuestra cómo el sistema escolar francés está diseñado para que ningún hijo —mucho menos hija— del proletariado pueda abandonar su condición de clase. El fracaso del alumnado no es atribuible a ellos mismos, sino al sistema. Los poemas de *Condolore* (2022) sostienen una tesis semejante. La diferencia está en que en este segundo libro Branca no se ocupa ya del sistema escolar, sino de la imposibilidad de existir como autora si se proviene de carne esclava.

«*Vomito o meu xaxún / Vomito Deus. E sobrevivo*». Yo, que fui niña en el franquismo e instruida ampliamente en el libro judío y en el libro griego, no puedo evitar leer ese ayuno antes de que la sagrada forma se nos pegara al cielo de la boca. Vomitar Dios, Vomitar a Dios. Vomitar, ¡oh, Dios mío!

«*Todo o que acontece nun baño pechado existía antes da miña Historia*». No tiembla la mente ni la mano. Y lo digo: es un cierre magistral.

Transo (el cero y la O mayúscula no se diferencian en el teclado) se publica en 2024. Al pensar estos poemas la conciencia de la brecha generacional entre la poeta y quien esto escribe se manifiesta de forma meridiana. «*observa a migración dos anxos destripados*» es evidente que no son los ángeles de Rilke; tal vez tengan alguna conexión con los del anime *Neon Genesis Evangelion* y comprendo la suerte que tengo. La suerte de compartir lengua con una poeta nacida en 1997, la suerte de que la poesía vibre, siga vibrando y que una mujera la que cuarenta y dos años separan de la poeta pueda alcanzar el esplendor y las coordenadas de un mundo diferente. Y saber que existe algo así como *Ghost in the Shell* e incluso verlo, leerlo y ampliar su/mi comprensión de este tiempo que ya no es propiamente el mío.

Un trance es un trance, es decir, un viaje de ida y de vuelta o de ida sin vuelta, una experiencia de transformación, de acercarse a lo que respira fuera. La otra, el otro, lo otro es siempre un exterior, es siempre una libertad mayor y una intimidad mucho más interesante que la que una cree tener «*e que o sistema inmunolóxico / por ter un corazón / me recoñeza coma outra / e me mate».* Creo oír a La Sirenita de Andersen que tiene un devenir humano y muere a causa de su amor; es muy posible que no sea este el personaje del poema —en todo caso el trance y el cero son un motor verosímil—. Deslumbran las visiones, relumbra el concepto, la concepción *«demasiada responsabilidad sobre el último verso».* Ese verso último que no se encabalga, que todo lo detiene y acepta la imposibilidad de que el poema no continúe y se pare justamente ahí y no antes, ni después; verso final que siempre anuncia el cero, la caída, la catástrofe, y la categoría mortal del viviente lingüístico que es un poema, *«un poema nas paredes da ferida».*

«Necesitamos regeneración, no resurrección (Haraway, 1991)». Y así con la cita termina.

Mundo Carne (2025), ahora mismo. "The Backrooms – level 12,5" me ha recordado que un poema no existe si el ritmo no es su medida. Sí, esa discusión perpetua. ¿Qué es un poema, qué es prosa? Sonrío mientras estas notas avanzan, pero no está de más recodarlo: sí, el ritmo es la coordenada que articula en el poema lo real (Lacan), lo icónico, el símbolo y los signos. Gira el eje del planeta o del corazón y *«12,5 non gañar senón buscar coñecen pérdense e encóntranse as 12,5 saben perfectamente onde están».*

En el primer párrafo anoté lo herético, la herejía, aquí lo tenemos muy claro. *"To say a lie so she would know me"* y un linaje de mujeres que saben leer la vida de las personas en la sección transversal de la segunda vértebra cervical. Me interesó mucho esta frase: *«Porque si, a tecnoloxía, como calquera outra ferida, pode ser descuberta*». La tecnología como herida, la lengua que hablamos —esa tecnología— como herida. Y estos versos tan hermosos:

> *a verba é unha bruxa*
> *abandonada no peto dun meniño xunto ao deus que prefiramos*
> *xunto a un xogo un talismán e unha presiña de peiote*
> *xunto aos nomes das nais das nais das nosas nais*

Tal vez negar, decir que no, negarse a... y preguntar, preguntar sin tregua, sean dos de las capacidades más apasionantes e irrenunciables que el lenguaje nos ofrece, sea cual sea la lengua histórica que hablemos o escribamos. Buena prueba son los interrogantes que el poema final nos ofrece. «*Onde está o azul cando o precisas?*».

Branca Trigo es una poeta ilustrada después de que la razón ilustrada se nos haya destrozado entre las manos y los exterminios; es también una poeta antropóloga, tal y como Eduardo Viveiros de Castro desea cuando escribe sobre una antropología de las sociedades complejas «en las que el equivalente del chamanismo amerindio no es el neo chamanismo californiano, o el candomblé bahiano. El equivalente funcional del chamanismo indígena es la ciencia. Es el científico, es el laboratorio de física de altas energías, es el acelerador de partículas. El cascabel del chamán es un acelerador de partículas».[1]

---

[1] Viveiros de Castro, Eduardo. *Encontros*. Azougue Editorial: Río de Janeiro, 2008.

Cuando cualifico así a la poeta —estructuralista, ilustrada, antropóloga; romántica, en definitiva—, lo que hago es resaltar que no escribe poemas sobre la desventura de la conciencia o las desventuras de su yo, sino que escribe en la plenitud de su contemporaneidad y que su palabra se abre a lo exterior del tiempo, es decir: a su siglo, a la melodía de su época.

Te saludo, Branca Trigo; y en ti, a todas y a todos los poetas de tu generación que ahora mismo se esfuerzan frente a la página en blanco (que nunca fue blanca, ni estuvo, ni estará nunca en blanco, tal vez si sembrada de trigo o cualquier otro abecedario en el que se escriba ese icono que es el poema, ya sea imagen o diagrama). No será vuestro el reino, vuestra será la celebración de lo que Paolo Virno denominó *performático absoluto*: «Yo hablo». Bajo la protección de su sombra generosa se escribe el poema. Vuestro será el lenguaje.

Te saludo, Branca. Y agradezco vivir en el tiempo que es el tuyo y ya apenas el mío.

Soutolongo, septiembre, 2025

ÍNDICE

Vomitei Deus, de Branca Trigo Cabaleiro,
segundo número de la colección
EOLAS horizontes
se acabó de imprimir en
noviembre de
— 2025 —